# LA VIE ORDINAIRE D'UNE MÈRE MEURTRIÈRE

Sophie Marinopoulos

# La vie ordinaire d'une mère meurtrière

*Récit*

Fayard

ISBN 978-2-213-63443-2

# La page d'avant

Elle essaye de respirer mais elle a la sensation que ses poumons ne sont plus que des poches aux parois collées. C'est ce sentiment d'oppression qui l'a réveillée. Un instant elle panique, puis aussitôt se raisonne. Elle est craintive, c'est un fait. Elle est vite soucieuse, presque anxieuse, débordée, dépassée par une émotion, un événement, un petit rien de la vie. Vie qui s'écoule entre ses enfants, son mari, sa famille, ses amies. Entourée, elle l'est. Appréciée pour sa discrétion, sa générosité, c'est une évidence. Elle ne se plaint jamais. D'ailleurs, quel sujet de tourment lui connaît-on ? Aucun. Un mari qui travaille beaucoup et qui lui permet de s'occuper des enfants sans avoir besoin de se soucier de questions financières, une famille disponible qui lui donne des coups de main quand les trois enfants, d'âges rapprochés, l'épuisent, une ou deux bonnes amies avec qui elle va à la piscine chaque semaine. Une vie remplie, un emploi du temps sans rêveries, une maison confortable dans un lotissement agréable. Elle n'a pas de passion, de sujet d'engouement, d'engagement extérieur. Les enfants occupent cette place entièrement.

Chaque jour devant le portail de l'école elle les attend, patiente, fidèle, toujours en avance. Elle les cherche du regard parmi le groupe d'enfants excités. Ils se précipitent, l'embrassent furtivement, courent devant elle sans se retourner. Inutile, elle est là, toujours là.

Elle est parfois si effacée que ses amies disent à son propos : « Éva, on pourrait presque l'oublier. »

Sa mère en conviendrait. Mais ses souvenirs sont flous. Seule une ombre enfantine s'y déplace, sans bruit, au milieu de ses frères et sœurs plus agités. Apparitions qui surprenaient. « Ah, tu es là », disait parfois son père en la découvrant debout, tranquille, ses grands yeux ouverts posés sur lui. La réponse paisible glissait sur elle. Elle se laissait envelopper, caresser par cette voix qui n'en dirait pas plus.

Enfant du silence, de l'absence. Enfant qui cherchait à comprendre dans les plis de la peau le sens de certains mots jamais prononcés. Lire le corps, deviner les pensées, quêter les émotions : ainsi était son monde.

Ce qu'elle aimait ? Tout sans doute puisqu'elle ne manifestait jamais de refus. Elle mangeait ce qu'on lui donnait, s'habillait seule, rendait service. Sa chambre était impeccable et elle n'hésitait pas à ranger celle des petits, il suffisait de l'appeler. Elle n'était pas l'aînée. Elle aurait pu l'être.

Elle est devenue adulte, fidèle à ce caractère égal, peu encline à prendre des initiatives. Être auprès des siens est sa réalité quotidienne. Son mari lui demande parfois ce qu'elle voudrait faire le week-end suivant ou pour une soirée. Elle n'a pas d'idées, n'arrive pas à se projeter, à imaginer quelque chose. Elle ne sait pas. Elle le laisse choisir. Le plus souvent ils ne font rien. Il en souffre parfois, mais dans l'ensemble il s'en accommode bien. Très bien même, puisqu'il peut agir à sa guise. Ses occupations deviennent celles du couple et de la famille. Il finit par oublier que la conversation a tourné court, que sa femme n'a rien proposé, rien décidé. Ainsi remplissent-ils leurs vies, ensemble.

Éva attend, s'occupe, s'adapte, s'entoure des autres. De fait ils sont entourés, sociables. Une sociabilité prévisible qui les conduit le dimanche chez les parents de l'un ou de l'autre, le soir de temps en temps chez des voisins devenus des familiers, presque des amis, ou encore chez un de ses collègues à lui qui les sollicite. Ils retournent volontiers l'invitation, parfois autour d'un barbecue quand le printemps arrive, et réunissent leurs frères et sœurs pour les fêtes annuelles, les anniversaires, les événements familiaux. Éva se montre alors très organisée et efficace pour en faire des moments agréables. Elle va et vient, débarrasse, sert, veille aux enfants, soulage chacun. Elle l'accepte sobrement, tandis que son mari apprécie les échos qui vantent la réussite de la soirée. Il est reconnaissant à sa femme de son attitude, sans se rendre compte qu'il l'a peu vue parmi les convives. A-t-elle été heureuse de ce moment passé entre amis ? A-t-elle profité un peu de ses invités ? S'est-elle sentie à l'aise parmi eux ? Ils ne prennent pas le temps d'en parler et vont se coucher dès les derniers verres rangés.

Elle est encore ensommeillée et par une forte aspiration tente de prendre une bouffée d'air. Manquer d'oxygène l'oppresse toujours. Elle se lève, entrouvre sans bruit la fenêtre de la chambre, penche sa tête à l'extérieur et respire de nouveau. Une fois, deux fois, puis une troisième fois encore un peu plus fort. Un soupçon de mieux-être se profile, lui donnant quelque répit. La voilà rassurée. L'air frais, léger et vif d'un début de printemps prometteur la réconcilie avec son corps, avec la nuit, et elle est prête à oublier cet étrange moment. Elle remercie silencieusement ce vent salvateur et caressant. Calmée, elle pose les yeux sur le paysage sombre que dessinent les maisons voisines. Elle les fixe, absente de ce tableau de la nuit. Elle ne semble pas avoir remarqué la lune, pleine, capable de rendre le noir blanc, le gris rose. Elle est peu sensible aux couleurs, aux odeurs, aux bruits, mais aussi étrangement à la douleur. Ce corps paraît presque éteint, il ignore ses propres sensations.

Il est vrai qu'il ne l'intéresse pas, ou peu. Ni le sien, ni celui de ses enfants, ni celui de son mari. La simple notion du beau lui échappe, même si elle redouble d'efforts pour que tous dans la famille portent de *beaux* vêtements. Dénuée d'esprit critique, elle se fie aux catalogues de vente par correspondance. Elle choisit consciencieusement la tenue recommandée, sans chercher à en inventer une autre. La proposition est assurément la meilleure. À chaque saison, elle renouvelle l'exercice. C'est simple, sans prise de risque, sans besoin de penser. Et le résultat est satisfaisant puisqu'elle est complimentée. Elle en est fière. Habituellement, les mots glissent sur elle, mais ceux-là la touchent. Sans doute parce qu'il s'agit de ses enfants. Elle ne le leur dit pas car cela va de soi, et ce qui va de soi n'a pas besoin d'être parlé. Sa mère et son père étaient comme elle, comme leurs propres parents, d'ailleurs. Mieux vaut se taire et agir. L'efficacité est une valeur familiale, comme le courage et la volonté. Sans parler de la responsabilité, essentielle. On ne guide pas sa vie avec des bons sentiments. Les parents sont là pour les enfants, pour les assumer, les élever. Le reste est superflu. L'enfant apprend à se débrouiller dans cette atmosphère hors mots. *Reçu cinq sur cinq*, semble dire chaque membre de la famille en reprenant à son compte une manière d'être où le regard est à lui seul un langage. Se parler revient à se taire.

Elle reste accoudée, la pensée vide, le corps à nouveau détendu, puis va se recoucher, se glissant sous les draps en évitant de toucher le corps endormi de son mari. Instants de répit. Courts. Car de nouveau la voilà envahie par une vague aux accents inconnus. Sourd est le flux de cette onde qui monte, s'infiltre sous sa peau, dans sa chair, en ses os, la transperçant, l'ouvrant, même, lui faisant craindre de se disloquer. Ses reins sont douloureux, ses jambes tremblent, des gouttes de sueur perlent, et elle a le sentiment que ses os s'écartèlent.

Son corps se désarticule, la transformant en pantin de chair. Elle ne contrôle rien. Elle se lève à nouveau, se met sur la pointe des pieds, comme pour alléger son corps, cherchant à se soulager en devenant légère, presque évanescente. Mais rien n'y fait, ses hanches sont lourdes, les muscles de ses cuisses se tendent, comme pris dans une crampe. Elle a le souffle coupé. Sans compter que maintenant la peur s'insère en ses veines, devenant liquide, fluide, lui glaçant le sang. Elle est arrivée sournoisement.

Halètements, poings serrés, bouche tordue qui retient un cri, voilà ce que son corps est devenu. Elle tente de contrôler la peur et le corps qui s'échappent. Ces deux-là désormais unis fusionnent dans des tensions qui se déplacent, choisissant un organe puis un autre. Ils tourbillonnent en sa chair, accélérant son rythme cardiaque, lui donnant l'impression de sentir son sang couler en ses veines, de l'entendre frapper contre leurs parois pour s'écouler hors d'elle. C'est impossible, le sang ne sort pas ainsi du corps. Et pourtant elle sent entre ses jambes la chaleur d'un liquide moite, chaud. Sanguin ? Elle porte la main à son entrejambe et affronte la réalité de ses cuisses souillées. Ses règles, déjà, après si longtemps ? Si douloureuses ? Jamais elle n'a connu pareille douleur, même pour l'accouchement de ses trois enfants.

Il est vrai qu'ils sont nés vite, après des grossesses courtes dont elle a souvent pris conscience bien tard. Pas pour le premier ; pour lui, elle avait compris très tôt qu'elle était enceinte. Mais elle en avait parlé bien après. À son mari, vers quatre mois. Pourquoi ? Elle ne le sait pas vraiment. Cela ne lui semblait pas utile. Il n'avait pas compris ce délai silencieux, mais il était heureux. Un garçon comme il en avait tant rêvé, même s'il ne l'avait jamais dit, cela ne se boudait pas. L'heure n'est pas aux reproches quand on accueille ainsi l'enfant de la vie. Alors ils n'en ont pas parlé.

Le deuxième, c'est différent, elle n'y est pour rien de ne pas avoir su. Son accouchement datait de trois mois à peine et elle était déjà enceinte. Elle attendait son retour de couches, et voilà qu'une visite médicale tardive lui annonce qu'elle est enceinte de six mois. Cette fois, elle en parle aussitôt, recevant la joie et l'étonnement de son mari, puis de sa mère, qui la félicite de recommencer si vite. Elle est courageuse d'élever deux jeunes garçons, deux bébés exigeants. Elle accepte avec un naturel déconcertant ces événements pourtant inattendus. Elle n'a pas besoin de prévoir pour assumer ce qui se présente. Elle est habituée à vivre l'instant. Elle s'adapte.

Capacité d'adaptation hors norme. Elle est contente avec ces enfants imprévus et elle s'en occupe bien. C'est une mère d'aujourd'hui, respectée, attentive, prouvant chaque jour qu'elle leur porte amour et attention. Les enfants grandissent, vont à l'école, elle les accompagne, continue d'être là pour eux, pour ses proches. Elle fait une fausse couche, n'en parle pas, puis une deuxième, dont elle ne dit rien non plus. Pourquoi parler de ce qui passe sans laisser de traces ? Pas de grossesse, pas d'enfant, rien à en dire, pas même la douleur physique, l'infection qui a suivi, la mise en garde du gynécologue, qui recommande une contraception mieux assumée. Elle entend, repart avec l'ordonnance et achète la pilule. Elle la prend. N'en parle pas. Pourquoi en parler puisque c'est elle qui doit la prendre ?

Elle est la femme de son mari, accepte leurs relations sexuelles, ne les refuse jamais, ne les demande pas non plus, ressentant quelques sensations agréables sur lesquelles elle ne s'épanche pas. Ne dit rien. Son corps reçoit la sexualité donnée, participe passivement, puisqu'elle laisse faire. Elle n'a pas de gestes de tendresse ni d'amour, il le lui dit, s'en plaint, se fâche parfois, jamais beaucoup. Il l'aime ainsi finalement, et chacun trouve en l'autre une pudeur tolérée. Ensemble, ils forment un couple sans histoire. Elle ne regarde aucun autre homme, d'ailleurs elle l'avait lui-même peu regardé. C'est lui qui a fait le premier pas, qui lui a demandé de partager sa vie, et elle a accepté, très vite, sans réfléchir, sans regretter. Son confort est réel, et les jours se succèdent à l'écart du temps. Aujourd'hui, hier, demain sont identiques. Pas de projets particuliers pour l'avenir. Pas de rêves pour soi, pour les enfants, pour le couple. Tout est là, dans le présent, et le présent se vit chaque jour sans jamais être devancé ni anticipé.

C'est ainsi qu'elle n'a pas prévu son troisième enfant, né un mois après qu'elle s'est découverte enceinte. L'accouchement est rapide et cette petite fille, qui vient après deux garçons, fait oublier à tous qu'Éva n'a eu qu'un mois de grossesse. À la maternité on s'étonne, mais le bébé est beau, en bonne santé, et elle décide de l'allaiter. On ne parlera donc pas de cette grossesse silencieuse, jamais, et c'est bien ainsi. Pourquoi parler des choses quand elles se passent bien au final ? Il existe des gens qui ne cessent de penser sur ce qu'ils vivent. Trop. Ce n'est pas sain. Eux, ils ne sont pas comme ça. On les a élevés autrement, on leur a appris à s'assumer, à ne pas s'apitoyer sur eux-mêmes, à ne pas perdre leur temps avec des états d'âme.

Elle préfère ne pas allumer la petite lampe de chevet de peur de réveiller son mari. Il rentre souvent tard et se plaint s'il est réveillé par les enfants, par un bruit du dehors, par des voisins, quand ce n'est pas parce qu'elle bouge dans le lit. Il dit qu'alors il ne peut plus se rendormir, que sa nuit est fichue et qu'il se sent exténué. Il évoque ses journées chargées et la tension nerveuse qu'il subit du fait de ses responsabilités. C'est un homme travailleur, volontaire, qui a toujours beaucoup investi son activité. Trop, parfois, allant jusqu'à décommander des moments familiaux pour répondre aux besoins de la société qui l'emploie. Éva ne lui dit rien, elle comprend. Elle l'a toujours connu ainsi, réservé, peu bavard, mais prêt à aider, à faire des heures supplémentaires.

« Il était dur au mal », dit sa mère quand elle le décrit enfant. Elle, sa femme, peut témoigner qu'il est resté ainsi, discret, travailleur, se plaignant peu et gardant tout pour lui.

S'étant recouchée après avoir cherché quelques moyens d'alléger son corps, elle se tourne, glisse son bras sous sa tête et se met en position fœtale, sur le côté. Elle attend, guette comme un animal blessé les signes de son corps, qui semble ne plus s'écouler. Elle est soulagée. Mais soudain sa vessie se fait lourde et une envie d'aller aux toilettes la submerge. Même ses sphincters lui font mal. Elle saute de son lit plus qu'elle ne se lève et se dirige à tâtons vers les toilettes. Sur le chemin, elle est saisie par une crampe abdominale intolérable qui l'immobilise, lui coupe le souffle et se poursuit dans le creux des reins. Anesthésiée par la douleur, elle s'appuie contre le mur pour ne pas tomber.

Puis, dès que c'est à nouveau possible, elle continue sa course, se traînant, cherchant à l'aveuglette la poignée de la porte. Elle la sent sous sa main, met tout son poids, faisant céder la porte, qui s'ouvre violemment. Il fait noir, nuit, et avant même qu'elle ait pu allumer la lumière elle sent un poids gonfler son sexe, l'ouvrir, le déchirer. D'un geste réflexe, elle tend la main vers son sexe douloureux, rencontre une masse molle, humide, happée par le vide, lourde. Elle la retient, la tient, met son autre main, serre, entend le cri de la vie, se vide alors de tout le poids de celui qui vient de naître. Le silence suit les mains, celles qui ont serré, empêché de comprendre, d'entendre, de recevoir, refusant à la réalité son ultime désir de se manifester. Elle appuie son dos contre le mur, qu'elle devine derrière elle, laisse le liquide former une flaque brune, rouge, visqueuse, qu'elle ne voit pas, mélange d'excréments répandus avec la masse toujours là sous sa chair. Chairs confondues, retenues et reliées par ce cordon dur et mou à la fois, caoutchouteux. Odeurs de sexe, de sang, de pertes humaines salées, viciées. De ce mélange, une seule s'affirme, se répand, l'enferme, se referme sur sa peau, chaque pore aspirant la vie morte. Elle reste quelques secondes immobile, suspendue, comme portée par l'odeur nouvelle qui devient familière. Elle sait mais ne sait pas, et elle fera les gestes sans hésitation, comme guidée par un savoir qui ne s'apprend pas. Elle coupe, sépare les corps, le sien de l'autre, celui qu'elle ignore, ramasse, met en boule, se relève enfin. Elle respire à présent presque normalement et retrouve, rassurée, les bruits de son souffle. La rythmicité de sa vie. Elle a eu peur. Le plus dur est passé. La voilà libre à nouveau de respirer, d'aller dormir, de s'étendre pour permettre à son corps quelque repos. Demain les enfants vont se lever tôt et ils auront besoin d'elle.

Elle lave le sol, jette dans les toilettes le liquide répandu, tire la chasse, enveloppe le corps dans le sac qu'elle est allée chercher à la cuisine en prenant garde de ne pas tomber, de ne pas glisser, avec ses pieds encore visqueux. Elle ne pense ni « où » ni « pourquoi », car l'évidence ne se met pas en pensée. L'évidence agit. Et c'est tout naturellement qu'elle ouvre la porte du congélateur, le vieux, celui qui est dans le garage et qui ne sert pas. Elle pose le sac à l'intérieur, sans le cacher, sans le montrer. Il est là à sa place, dans une place ni pensée ni choisie. Une place qui peut *dire* ou *se taire* sans avoir été réfléchie. Indice de la vie, révélation de la mort. Cordon entre ces deux-là, souvent unies.

Elle remonte, épuisée, calme, étrangement calme, anormalement calme. Elle sent la maison endormie, sait qu'elle n'a réveillé personne. Elle en est satisfaite sans vraiment se le formuler, l'instant ayant repris le pas sur l'événement. Alors elle se glisse dans les draps près de son mari endormi, plongé dans le sommeil de l'ignorance. Elle se blottit contre lui, mais elle ne peut pas dormir, sentant sur son corps le liquide devenu sec qu'elle a oublié de laver. Elle parcourt sa peau des doigts et découvre alors le craquellement du liquide séché, seul témoin de ce qui a été. Elle tente de l'éliminer, gratte doucement, minutieusement, comme hypnotisée par cette activité répétitive aux étranges vertus calmantes. Elle s'apaise. Ses yeux se ferment, et elle s'enfonce dans la somnolence tout en continuant de frotter la peau souillée.

Le temps de la nuit se consume ainsi, sans que rien permette de le mesurer. Combien de minutes, d'heures, a-t-elle gratté, frotté, inspecté sa peau ? Impossible de le dire. De même que c'est soudainement et sans raison apparente qu'elle cesse de le faire. Elle se relève alors, se dirige vers la salle de bains, passe devant les toilettes restées ouvertes, referme la porte machinalement, sans un regard, et, mécaniquement, se saisit d'un gant de toilette pour entreprendre les gestes qui la rendront à nouveau propre.

## La révélation

Les trois enfants ont été malades toute la semaine. Éva est épuisée par leurs demandes incessantes. Ils la réclament continuellement, abusent de sa gentillesse, la tyrannisent pour des petits riens. Elle va de l'un à l'autre. Parfois la plus jeune tend sa joue en vue d'un baiser. Éva s'exécute, mais elle n'a pas beaucoup de temps pour les démonstrations de tendresse. Déjà quand les enfants étaient nourrissons c'était ainsi.

Elle est active, consciencieuse, tout est fait, bien fait. Elle tient de sa mère. S'affaire inlassablement en silence. Peut-être au détriment des moments de jeu avec les enfants. Mais Éva ne sait pas perdre son temps. Comment s'arrêter l'espace d'un instant pour jouer, se pincer doucement pour le plaisir. Simplement se regarder. S'émouvoir. Ce n'est pas à sa portée. Comme sa mère, qui ne savait pas plonger son nez dans les plis de sa peau de bébé pour la humer jusqu'à plus soif, se rassasier de sa douceur, de sa chaleur, de son odeur. Qui ne permettait pas à ses sens de perdre la tête. Jamais elle n'autorisait ses yeux à sentir, sa bouche à toucher, son nez à caresser.

Alors Éva qui n'a pas reçu ne donne pas. Pas ainsi. Ses gestes ne s'attardent pas. Ils sont mécaniques. Ses enfants se retrouvent satisfaits dans leurs besoins, peu apaisés dans leurs désirs. Repus et affamés, ils grandissent avec une mère aimante, vide, présente. L'aîné prend avec elle une posture d'enfant dominateur, le deuxième ne cesse de la rouler, la troisième s'affirme dans une attitude capricieuse. Avec leur père c'est une autre affaire. Lui ne se laisse pas intimider par l'autorité enfantine de son fils aîné, ni par les manigances du second et encore moins par les larmes de la dernière, trop mauvaise comédienne à son goût. Il laisse sa femme agir. Il est peu à la maison et ne tient pas à ce que ces moments ensemble se terminent en conflits familiaux.

Le soir ils dînent tôt et les enfants se couchent juste après, chacun dans sa chambre. Ils se débrouillent. Tous les trois sont autonomes pour se déshabiller, se laver, se mettre au lit. Ils sont habitués à cette cérémonie solitaire. Leurs deux parents, peu enclins aux bisous du soir, leur lancent un *Bonne nuit* réconfortant. Les mots longent le couloir, traversent la cloison et arrivent juste à temps, quand ils posent leur tête sur l'oreiller. Ils s'endorment avec les bruits mêlés des voix parentales et de la télévision. Ils n'imaginent pas qu'il puisse en être autrement.

La télévision est pour les parents un bon compagnon de soirée. Le couple après dîner regarde un film, une émission de variétés, parfois un débat.

Ce matin elle se sent au bord de l'épuisement, n'ose pas s'asseoir de peur de ne pas pouvoir se relever. Elle irait bien voir un médecin, mais imagine que cela va passer, comme le sang qui ne cesse de couler depuis bientôt une semaine. Une semaine ? Déjà ? Elle n'est pas bien sûre. Tente de trouver un moyen mnémotechnique, en pensant aux petits riens des jours derniers et en cherchant à les dater. Elle s'embrouille. Laisse tomber. Quelle importance. Elle saigne toujours de toute façon, alors cinq, six ou sept jours ne changent pas grand-chose.

Parfois elle sent qu'elle est sur le point de s'évanouir et se baisse avec prudence pour éviter de voir trente-six chandelles, comme récemment. Ce jour-là, elle a eu peur quand elle s'est mise à vaciller alors qu'il était presque l'heure d'aller chercher les enfants à l'école. Elle a eu la présence d'esprit de se poser quelques minutes. Elle a mangé un gâteau qui était resté là sur la table, lentement, pris un café réchauffé, avant de partir sans courir pour éviter l'incident. Elle est arrivée à l'heure. Heureusement car les enfants ne sont jamais gardés ni pris en charge par un étranger, seulement par sa mère quand un rendez-vous inévitable se présente ou bien pendant son activité piscine. Elle les assume du lever au coucher et il n'est pas question qu'il en soit autrement. Les voisins, conscients de son sérieux et de sa présence, la sollicitent régulièrement pour qu'elle récupère leurs enfants à la sortie de l'école et même parfois pour qu'elle les garde à goûter, si cela ne la dérange pas. Cela ne la dérange pas et elle s'acquitte pour ces enfants comme pour les siens des tâches maternelles. Elle ne demande aucune contrepartie financière, n'y pense même pas, et reçoit en retour reconnaissance et remerciements. Sans compter les invitations impromptues qui coupent le quotidien, donnent un peu de fantaisie, qu'elle ne recherche pas.

La sonnerie de l'entrée la surprend au moment où elle décide de se lever pour partir. Elle s'étonne de cette visite en plein après-midi. Inhabituel.

Deux gendarmes se profilent dans l'entrebâillement de la porte. Ils veulent lui parler quelques secondes. Elle évoque la sortie d'école des enfants, demande s'ils peuvent repasser. Ils insistent et précisent que ce ne sera pas long. Elle ne discute pas. Éva ne discute jamais.

Elle ouvre pour les laisser entrer dans la salle à manger-salon, vaste pièce impeccablement rangée. Elle ne leur propose pas de s'installer et ne cherche pas à savoir ce qu'ils lui veulent. Elle essuie machinalement ses mains sur sa robe. Robe récemment commandée et sur laquelle elle a reçu des compliments. Robe légèrement cintrée à la taille et qui se boutonne tout du long, sur le devant. Simple, un peu sombre, légère, agréable, lui semble-t-il. Depuis le lendemain de *la nuit*, c'est celle qu'elle choisit prioritairement le matin. Elle ne l'enlève que quelques heures, le temps d'une lessive et d'un passage dans le sèche-linge, puis la remet. C'est comme une seconde peau. Rassurante. Elle se sent plus entière. L'étoffe et elle ne font qu'un. Elle la touche lentement, gratte légèrement le tissu, laissant sa main agir sans en prendre pleinement conscience. Sa pensée lui échappe, comme le mouvement de son bras, qui devient automatique.

Le son de la voix lui arrive d'abord comme lointain, puis se rapproche pour enfin lui faire lever les yeux, qu'elle avait baissés furtivement. Elle perçoit la gêne de son interlocuteur quand il lui demande si elle n'a pas été enceinte ces derniers temps. Elle ne s'étonne pas de sa question et y répond par l'affirmative, sans même chercher à l'éviter. Le fait que deux inconnus s'enquièrent de sa vie privée ne lui paraît pas insolite.

« Vous avez eu un bébé ? »

Éva devient silencieuse. Elle plante ses yeux dans ceux du gendarme qui l'interroge, et son regard franc, direct, prêt à coopérer, se perd soudainement, se détache, s'absente. Les mains de nouveau grattent, frottent, saisissent le tissu, le tordent.

« Vous avez accouché ? »

Elle se remet à osciller. Ses mains s'immobilisent comme son visage, dont les traits, impassibles, annulent l'émotion. Seuls les yeux changent et son regard, jusque-là posé sur son interlocuteur, le traverse, s'éloigne, laissant derrière lui celui qu'elle fixait. Elle est partie. Elle est là.

« Où est votre enfant ? »

Éva reste mutique. Silence pesant qui circule entre les trois personnages. Scène digne d'un mélodrame. Acteurs perdus qui cherchent leur texte. Temps suspendu, en attente d'une parole salvatrice.

Les deux hommes, déstabilisés, sur la défensive, ne savent pas comment s'adresser à cette femme qui ressemble tant à la leur. Ils lui posent des questions intrusives, personnelles, à la suite d'un coup de téléphone reçu à la gendarmerie le matin même les prévenant que cette femme avait été enceinte et qu'il n'y avait pas de bébé. Délation incongrue mais qu'ils ne peuvent ignorer. Sa réponse d'abord affirmative puis son silence les désarment. Ils sont surpris par l'alternance entre la spontanéité et le repli. Également par sa douceur, sa gentillesse. Évidentes. Ils ne la sentent pas manipulatrice ou dissimulatrice. Cette femme au regard honnête les touche et ils se souviendront longtemps de leur première entrevue.

« Est-ce que je peux aller chercher les enfants ?

– Nous vous avons demandé pour le bébé, murmure l'un d'eux, comme embarrassé lui-même par son insistance. Vous ne nous avez pas dit où est le bébé. Il y a un bébé, puisque vous avez accouché ? »

Logique qu'Éva ne cherche pas à contester. Elle a accouché, et son corps saigne encore. Elle ne sait pas depuis combien de temps. Mais c'est depuis *la nuit*. Et elle saigne trop.

L'un des hommes revient sur l'accouchement. Instinctivement il sent que cet acte est un sujet d'échange plus facile avec elle. Il ne saurait dire pourquoi, mais il se surprend à dissocier l'accouchement de la naissance de l'enfant. Comme si les deux pouvaient ne pas être liés. Il se garde bien d'en parler à son collègue, c'est si ridicule de penser ainsi.

« Où avez-vous accouché ? »

Éva désigne du doigt le couloir qui conduit aux chambres, à la salle de bains et aux toilettes. Ils proposent qu'elle les conduise à l'endroit en question. Elle les précède, s'arrête au niveau des toilettes, ouvre la porte sur la minuscule pièce et reste là. Elle semble la voir pour la première fois depuis la nuit de la semaine passée. Elle se tient debout, immobile, les yeux fixés sur le sol qui l'absorbe, les mains confondues avec le tissu de la robe neuve.

« Vous avez accouché dans vos toilettes ? »

Elle acquiesce et lève les yeux sur eux, lisant dans leur regard que ce n'est pas un endroit pour accoucher. Elle en convient intérieurement. Bien sûr que ce n'est pas un endroit pour accoucher. Si une amie lui avait avoué ne pas avoir eu le temps d'aller à l'hôpital et avoir accouché chez elle, elle en aurait été surprise, pour ne pas dire choquée. Elle a eu trois enfants et sait que, même en cas de contractions rapprochées, on peut prévoir d'arriver à temps à la maternité. Mais là il est question d'autre chose.

« Quand ?

– La semaine dernière. »

Sa voix est presque inaudible, altérée par son souffle coupé, donnant l'impression qu'elle est face à une révélation. Comme si la notion d'accouchement pouvait soudainement être reliée à ce qui lui était arrivé la semaine précédente. Comme si ce qu'elle avait connu pour ses trois enfants et ce qui s'était passé là était en fait la même chose. Comme si, quand elle avait eu mal partout, que son corps s'était ouvert, disloqué dans des douleurs atroces, c'était tout simplement parce qu'elle accouchait. C'est ce qu'elle entend à travers les questions de ces deux hommes. C'est ce qu'ils sont en train de lui dire, de lui faire formuler. Elle a accouché ?! Elle a dit oui sans hésiter. Elle aurait donc accouché ?

Les gendarmes perçoivent son malaise. Ils ont la sensation d'assister à la prise de conscience de cette femme. Mise en images bruyante, parlante. Leur gêne s'accroît face à sa pensée palpable, impudique. Ils la voient se voir accoucher. Sa sincérité, sa surprise s'expriment par des traits à peine perceptibles sur son visage, en même temps qu'elle affirme par un *oui* franc, direct, l'acte passé. Ils hésitent à la questionner. Comment poursuivre cette conversation qui prend l'allure d'un interrogatoire et qui n'en est pas encore un ? Aller plus loin ? En rester là ? Repartir et discuter avec leur supérieur hiérarchique de ce qu'il convient de faire ? Et cette femme, ne va-t-elle pas disparaître ? Ils sentent qu'elle n'est pas là pour fuir, bien au contraire. Elle renvoie l'image d'une femme qui est là où elle doit être.

À sa place.

Leurs regards se croisent. S'interrogent. Ils reprennent :

« Pouvez-vous nous conduire au corps du bébé ? »

L'expression *le corps du bébé* est venue naturellement à l'un d'eux, expression qui s'impose et évite de parler du *bébé*. Ni l'un ni l'autre ne semblent en prendre conscience. Étrange est la pensée quand elle échappe à celui qui la prononce. Elle apparaît comme une évidence. Elle fait lien, corps, entre des êtres qui n'avaient rien à se dire. Et *le corps du bébé qui n'est pas un bébé* fait son œuvre, permet l'aveu, sans que rien soit avoué. La mort, possible, s'est imposée sans avoir été prononcée. Et Éva a entendu ce qui ne lui a pas été dit.

Elle lâche la poignée de la porte des toilettes. Cette même poignée qu'elle avait tournée il y a quelques jours pour entrer dans cette pièce. Elle ne peut le nier maintenant, *pour accoucher.* Le corps du bébé est là. Protégé, gardé, mis en sac. Elle ouvre le congélateur, pointe du doigt le sac, blanc, montre ce qui ne se devine pas au premier regard. En le retrouvant elle retrouve le geste passé, la main qui réceptionne la masse lourde, tombante, prête à rencontrer le carrelage et qu'elle a retenue en joignant ses mains, qui ont serré encore et encore pour ensuite déposer là. Les mains, le sac, le bac du congélateur, contenants qui se sont relayés pour prendre le corps, la vie, la conserver, preuve qu'elle a été. Tout est là sauf les odeurs du moment, fortes, diluées au fil des jours et aujourd'hui disparues.

Éva transformée en guide macabre indique les lieux de chacun des gestes, revient sur les faits sans les énoncer, paraissant concentrée dans le labyrinthe de sa vie. Elle se remémore le trajet et accepte de montrer sa chambre, le couloir qu'elle a suivi pour arriver aux toilettes, et pour ensuite en sortir, laver le sol, se laver, masquer ce qui ne peut pas être arrivé.

## La garde à vue

Elle n'est pas allée chercher les enfants. Ils l'ont emmenée et elle n'a pas discuté. Ils se sont inquiétés de savoir qui pouvait la remplacer pour la sortie de l'école, elle a nommé sa mère et ils l'ont appelée. Celle-ci n'a pas posé de questions particulières. A accepté de se charger des enfants jusqu'au retour de leur père. Éva est partie ainsi, sans même fermer la maison derrière elle, laissant ces deux hommes s'occuper de tout. Ils ont appelé leur unité et demandé que la maison soit gardée.

Le soir, son mari découvre l'absence d'Éva, de ses enfants, et trouve des gendarmes chez lui. Choc, panique, il croit à un accident arrivé à l'un des petits, à sa femme. Ils le rassurent, lui ordonnent de les suivre sans la moindre explication. Il s'exécute, s'interroge intérieurement sur leur présence, ose quelques questions pendant le trajet, n'obtient aucune réponse. Il se résout à se taire et à attendre. Son tempérament patient joue en sa faveur. Il arrive à la gendarmerie dans un état d'esprit qu'il serait bien incapable de définir. Curieux, certes, intrigué aussi, inquiet, sans aucun doute.

Il voit immédiatement sa femme en entrant et se sent soulagé. Elle est de dos, dans une pièce à la porte vitrée. Vitre épaisse qui laisse deviner son ombre. Aussitôt et comme machinalement il se dirige vers la silhouette familière, rassurante.

Alors qu'il va ouvrir la porte, il est arrêté fermement dans son geste et conduit dans une autre pièce. Cette dureté inattendue le surprend, le choque. Laissé seul pendant quelques instants, il sent monter en lui une vague de colère inhabituelle. Il ne dit rien mais serre les mains à s'en blanchir les doigts, tord sa bouche, contracte son corps.

Quand un homme visiblement gradé se présente enfin, il n'a pas le temps de demander des explications car commence une série de questions. Sur son couple, leur vie, leur intimité, les grossesses de sa femme et les enfants. Il répond comme hypnotisé dans un premier temps par cet échange incongru, surréaliste. Coopère sans le vouloir. Il ne se reconnaît pas, ne comprend pas ce qu'il est en train de dire à cet inconnu curieux, mais dont l'indiscrétion est apparemment légitime. Il entend les questions et ses propres réponses dans un état second.

C'est ainsi qu'il est informé d'une grossesse récente de sa femme. Il croit à une plaisanterie, se fâche, commence à s'énerver, s'épuise dans cette conversation de fous où aucune question ne donne sens à la situation dans laquelle il se trouve. Il finit par apprendre qu'un nouveau-né a été trouvé dans son congélateur et qu'on le somme de fournir des explications à ce sujet. Il a la mauvaise idée de rire, même si ce rire défensif n'a aucune tonalité provocatrice. Excédé, son interlocuteur lui révèle que sa femme a avoué. Qu'elle a accouché chez eux et qu'elle a guidé les gendarmes jusqu'au congélateur, où ils ont découvert le bébé dans un sac en plastique.

Il s'effondre, demande à voir sa femme, pense qu'il s'agit d'une mauvaise blague, d'une machination. Jure qu'ils sont un couple sans histoire, que leurs amis peuvent en témoigner, leurs familles, leurs voisins et même son patron si nécessaire. Il refuse d'en entendre davantage, exige d'être libéré, fait appel à la loi qui n'autorise pas à garder ainsi quelqu'un qui n'a rien fait. Il ne croit tout simplement pas à cette histoire, pas même à la découverte d'un corps dans son congélateur. Il tente de raisonner le gendarme : ne voit-il pas qu'il est un homme sain de corps et d'esprit ? Comment peut-on imaginer qu'il n'aurait pas vu la grossesse de sa femme ? L'histoire est grotesque, n'importe qui en conviendrait. Il argumente, se sent abattu, demande un café, et obtient enfin une confrontation avec sa femme.

La rencontre le glace d'horreur. Il plaque ses mains sur ses oreilles pour ne plus entendre ce qu'elle a à dire. Froidement elle décrit les douleurs, l'accouchement, les gestes sur l'enfant qu'elle met dans le congélateur. Pourquoi ? Elle ne sait pas. Pourquoi pas. Elle se souvient qu'elle voulait que tout redevienne comme avant. Elle parle de lui endormi, du soin qu'elle a pris pour ne pas le réveiller. Médusé, il se représente une scène dans laquelle il a été un acteur principal sans même avoir été prévenu. Il a joué dans son sommeil le rôle du père absent qui ne sait pas. N'accueille pas. Ne reçoit pas l'enfant attendu, qu'il n'attendait pas. Il a dormi du sommeil du juste. Et le voilà maintenant en plein jour au beau milieu d'un cauchemar. Il ne peut pas se réveiller pour en sortir puisqu'il ne dort pas, ne dormira plus.

Il voudrait se rappeler, tente de retrouver son emploi du temps de la semaine passée, de cette soirée. De quoi a-t-elle été faite ? Que s'est-il produit juste avant ? Il s'accroche à ce temps. Les heures d'avant ?

Pas de souvenirs, dans une semaine identique à la précédente et à celle à venir. Rien de marquant. Rien ne vient. Le temps était le même que celui de la veille et de l'avant-veille. Il ne sait plus. Tente de revoir sa femme les jours précédents, ce qu'elle a fait, ce qu'elle a dit, leurs échanges, leurs activités.

Son interlocuteur lui demande s'il avait remarqué que sa femme avait grossi. La question le surprend, le désarçonne, au point qu'il faut la lui répéter deux fois. Sa femme est la même depuis leur mariage. Les grossesses l'ont peu changée et il n'a pas le souvenir que son corps se soit réellement modifié après chaque naissance. Maintenant la question ouvre un doute. Il réalise qu'il n'a peut-être pas fait très attention. Il la regarde peu, d'ailleurs. Non qu'il la néglige mais ce n'est pas un homme très attentif. Il aurait du mal à décrire ses enfants. La couleur de leurs yeux, éventuellement, mais leur taille, leur poids, la forme de leur visage précisément, il ne sait pas. Ce n'est pas que cela ne l'intéresse pas mais voilà, il ne sait tout simplement pas. Même se décrire serait difficile. Que pourrait-il dire ? Il découvre un continent d'une étendue affolante. C'est un homme actif, toujours prêt à aider, on peut compter sur lui. Là est sa générosité.

Curieux moment pour cette prise de conscience dérangeante. Il n'a pas envie de parler de cela avec des inconnus, qui consignent tout dans leur ordinateur. Faire une déposition consiste-t-il à se révéler à soi-même ? Peut-on dissocier les questions légitimes des autres ? Il n'en sait rien et ne souhaite qu'une chose : en finir. Rentrer à la maison, retrouver les enfants, sa femme, fermer la porte derrière lui et continuer comme avant la vie qu'il aime, quand tout est à sa place.

À la question « N'avez-vous vraiment rien entendu ce soir-là, même pas votre femme se lever ? », il répond par la négative, inébranlable dans sa certitude.

« Mais pourtant vous avez dit avoir le sommeil léger. Cela paraît bien étrange que vous ne vous soyez rendu compte de rien. »

C'est étrange et plus encore. Étrange d'être là alors qu'il n'est pour rien dans cette affaire, sa femme non plus d'ailleurs, et ils vont le prouver rapidement. Étrange d'être accusé de malhonnêteté quand on se sait sans reproche. Si eux disent avoir trouvé un bébé dans son congélateur, lui affirme que seul un malveillant a pu l'y mettre, profitant de la maison ouverte pour aller jusqu'au garage et cacher là ce corps gênant. En quoi lui et sa femme sont-ils concernés par cette sordide affaire ? Est-ce parce qu'il s'agit de leur congélateur ? Le raccourci est grossier et il refuse cette accusation. Les erreurs judiciaires sont courantes et celle-ci va faire la une des journaux s'ils continuent à le traiter de la sorte. Il y veillera personnellement et racontera à qui veut l'entendre comment il a été malmené. Il n'est pas un criminel et sa femme encore moins. Elle a avoué sous la pression, c'est une évidence. Elle est fragile, d'ailleurs maintenant qu'il y pense il avait remarqué qu'elle était plus silencieuse que d'habitude ces derniers temps, plus irritable aussi. Il était intervenu une fois dans une altercation avec les enfants. Fait rare qui l'avait surpris, mais rien d'extraordinaire dans une vie familiale. S'il faut analyser chaque événement du quotidien, on va devenir fou. Et fou, il risque vraiment de le devenir s'il reste une minute de plus ici.

Il souhaite rentrer chez lui. Il va le faire. Ramener sa femme à la maison, passer prendre les enfants chez sa belle-mère et entamer sa journée de demain comme il a commencé celle d'aujourd'hui.

## L'affaire publique

Il est rentré chez lui vingt-quatre heures plus tard. Libre. Seul. Sans sa femme, restée là-bas avant d'être transférée à la prison de la ville voisine. Accusée de crime sur mineur, elle va devoir rendre des comptes à la justice. Prouver son innocence. Son arrestation s'est ébruitée et depuis les radios, les journaux, les télévisions relatent l'affaire. Personne ne se préoccupe des enfants, dispersés dans la famille, l'aîné chez sa sœur, le deuxième chez un frère de sa femme et la dernière chez ses parents, à la retraite, disponibles. Lui, en arrêt maladie, reste à la maison. Tente de reprendre ses esprits et d'organiser la suite. Car la suite existe, et il va devoir y penser. Anticiper l'avenir proche. Chercher un avocat. Solide.

Les tests ADN n'ont pas encore parlé mais il croit si fort à une machination qu'il ne doute pas des résultats. Ceux-ci arrivent un matin, cruels, les rendant père et mère de cet enfant mort. Cette image le hante. Celle de ce bébé du froid. Et lui en père endormi, qui n'a pas vu, pas su, pas deviné. Il n'est pas le père d'un enfant mort sous son toit, sous les mains de sa mère. Il est le père de trois enfants vivants. Eux ont crié, se sont montrés, manifestés. Et celui-là, qui est-il ? D'où vient-il ? Pourquoi ne s'est-il pas fait remarquer dans le ventre de sa mère ? C'est quoi, cette histoire qu'on lui raconte et qui paraît-il le concerne ? Histoire d'une grossesse qui ne se voit pas, d'un enfant clandestin qui n'a pas de corps, qui vit dans un corps qui ne se modifie pas. Il faudrait être naïf pour croire tout cela, et lui ne l'est pas. Ne l'était pas jusqu'à ce jour fatidique, jour des résultats de l'ADN. Jour noir. Définitivement noir. Définitivement, les jours ne se ressembleront plus. Ils seront à jamais marqués par ces trois lettres macabres, A-D-N. Et ce n'est qu'à partir de là qu'il comprend que ce récit n'est pas une fiction, mais une histoire réelle, la sienne, qui le transforme en héros d'un mauvais feuilleton de l'été. En acteur d'un fait divers qui fait vendre. Pris dans le tourbillon des médias insatiables, il est sans cesse harcelé par des journalistes. Il dit qu'il n'a rien à dire, explique qu'il n'a rien à expliquer. Comment exprimer qu'il aimerait donner du sens à ce qu'il vit depuis des jours ? Qu'il aimerait se rassurer avec une explication fiable, concrète. Car aujourd'hui il se sent affolé. Rien ne lui permet de comprendre, surtout pas sa femme, devenue une énigme et le renvoyant à sa propre obscurité. Il revoit ses yeux quand à la gendarmerie elle lui a annoncé qu'en effet elle avait accouché. Lui qui savait la deviner. Il n'a plus de repères. Il est hanté par ce regard qui lui était familier et qu'il s'est vu fuir pour ne pas être happé par le vide. Sentiment d'être aspiré. Depuis il ne cesse de réfléchir, obnubilé par la mort de cet enfant. Sa femme ne semble pas réaliser qu'il s'agit d'un bébé, et qu'elle l'a tué. Elle paraît focalisée sur l'accouchement. Quand on lui parle du bébé, elle se tait, comme si elle n'était pas concernée. Elle n'a pas conscience qu'elle énerve tout le monde. Plus que cela même. Elle exaspère et fait naître une agressivité qui rend l'atmosphère électrique. Tous s'arc-boutent pour obtenir des précisions et elle n'en donne aucune. Il se demande si elle ne le fait pas exprès pour essayer de fuir sa responsabilité. Si cette hypothèse se révélait exacte, ce serait terrible. Il commence à lui en vouloir pour cette défense aveugle. Comment veut-elle qu'il l'aide si elle continue ainsi ? Pour sa part, il entend rester lucide. Elle était enceinte, c'est un fait évident au regard de tout ce qui lui a été démontré. Il est vrai qu'il a du mal à imaginer un bébé, et un bébé tué par elle. Penser l'accouchement lui est plus facile. Maintenant reste la question de la grossesse. Être enceinte, c'est avoir un corps rond qui ne cesse de se modifier. Or, il est formel, il n'a pas vu sa femme avec un gros ventre. Certes il a reconnu son peu d'attention naturel, son manque d'observation, mais il ne peut pas croire qu'il est passé à côté d'une chose pareille. Depuis des semaines, ses amis l'interpellent et lui demandent des explications. Ils ne comprennent pas comment un homme qui partage des moments d'intimité avec sa femme peut ne pas remarquer sa grossesse. Il en convient, est persuadé qu'ils ont raison, mais quand il entend à la radio parler de cet homme qui n'a rien vu, il ne se reconnaît pas. Il lui faut cependant admettre que ce mari aveugle et lui sont une seule et même personne. Il lui faut vivre avec cette réalité et tenter d'associer ces deux personnages sous une même identité, la sienne. Il n'ose pas parler de sexualité, et pourtant il aimerait dire sans rougir que leur vie intime lui convenait, qu'elle était réelle et qu'il ne permet à personne d'en douter. De la juger. Qui peut dire ce qu'est une bonne sexualité ? Qui peut parler de ce qui doit se faire et fixer une norme dans ce domaine ? Mais qu'il n'ait rien vu alors qu'il a une vie sexuelle le rend tout simplement encore plus stupide au regard du plus grand nombre, et il préfère oublier ce qu'il a lu sur son compte. Dans cette affaire, on remet tout en cause. Sa franchise, son honnêteté, son innocence, ses qualités d'homme, de père, de mari et même de fils. Il n'est pas un sujet le concernant qui n'ait été exploré par la presse, comme si elle avait pour mission de mener elle-même l'enquête judiciaire. Il en souffre, se sent attaqué, plongé dans une solitude jusque-là insoupçonnable. Sa femme lui manque et il mesure la qualité de leur union, de cette vie rangée, sans histoire, monotone mais tellement rassurante. Chacun savait en tirer le meilleur. Ses enfants éparpillés, sa femme incarcérée, sa famille divisée, certains en colère, d'autres compatissants, et les enragés qui voient leur nom sali... Il ne sait plus comment répondre aux uns et aux autres, car finalement ceux qui comprennent le mettent aussi mal à l'aise que ceux qui l'attaquent. Il est perdu. Les relations humaines, et en particulier les émotions, l'ennuient. Tout est question de temps, et du temps, il n'en a pas à investir dans ce domaine. Aujourd'hui bien entendu il est dans l'obligation de tenir compte de ce que ressentent ceux qui l'entourent, à commencer par ses enfants, totalement déstabilisés. Il peine à leur expliquer pourquoi maman n'est plus là, et la petite dernière en particulier le met à rude épreuve avec ses caprices répétés que seule sa femme savait calmer. Il a raconté maladroitement que maman n'avait plus le droit de venir les voir parce qu'elle avait fait une bêtise, mais qu'elle les aimait toujours aussi fort. Que rien n'avait changé, qu'elle pensait beaucoup à eux et qu'ils la reverraient bientôt. Il pense que ce qu'il dit est vrai et sait en même temps que tout est faux. Sa pensée est toujours ainsi, enfermée dans les paradoxes. Il sait sa femme innocente, mais reconnaît qu'elle a accouché, et tué. Il est sûr qu'aucun homme ne peut ignorer la grossesse de sa femme, et que lui l'a ignorée. Ces contradictions constantes le rendent fou, et il lutte pour ne pas sombrer. Il est découragé mais refuse l'abattement. S'agrippe à sa pensée rationnelle. Espère qu'elle va lui souffler une explication salvatrice. Et il continue de croire que rien n'est insurmontable, que ce drame est une épreuve à traverser, à régler au plus vite, et à oublier.

## L'incarcération

Elle ne peut pas dire qu'elle s'ennuie. Dans sa cellule exiguë elle a pour compagnie une détenue plus jeune de quelques années qui a commis des actes répréhensibles sur ses enfants. Plus exactement sur l'un d'entre eux. La dernière, une fille, née après deux garçons. Elle l'a noyée alors qu'elle lui faisait sa toilette. Geste incompréhensible de la part de cette mère irréprochable. Son procès est attendu dans les semaines à venir et son avocat ne lui a pas caché que la partie serait dure. Elle en parle avec Éva, lui confie ses angoisses, le refus du huis clos, la crainte du public, des journalistes, de son ex-mari, de sa belle-famille. Éva est loin de tout cela. Comme si elle ignorait qu'elle aussi allait être jugée. Sa préoccupation, c'est les enfants. Ils lui manquent. Elle aimerait les voir davantage, leur parler, les regarder. Elle le faisait si peu quand ils étaient tous réunis. La vie ensemble allait de soi et il n'y avait pas besoin de se parler. Aujourd'hui c'est différent. Son quotidien est vide en leur absence. Avant elle sortait et préparait les repas pour eux, lavait leurs vêtements, rangeait leurs chambres. Le temps, c'était eux. Quand ils viennent au parloir, elle est un peu perdue car elle ne sait pas réellement comment les occuper, que leur raconter de sa vie ici. Qu'est-ce qu'ils en comprennent ? Elle n'a jamais vraiment cherché à le savoir. Elle ne sait même pas ce que leur père leur a dit. D'ailleurs son incarcération est un fait qui ne se discute pas, ni avec sa famille, ni avec son mari, ni avec ses amis. Beaucoup viennent la voir et lui donnent des nouvelles de la vie dehors. Du temps. Des événements. De tout. De rien. Et pas un mot n'est dit sur son affaire. Tous se retrouvent vite démunis. Mais ils viennent, comme son mari, qui reste fidèle, présent, et amène les petits dès qu'il obtient l'autorisation. Ce n'est pas comme sa codétenue, séparée de son conjoint avant l'arrestation. Lui est contre les visites des enfants à son ex-femme. Il trouve intolérable qu'elle puisse encore prétendre à des droits de mère. La laisser voir ses enfants alors qu'elle a tué leur petite sœur lui est insupportable. Il profite de la moindre occasion pour ne pas respecter les visites. Une femme qui tue est une femme qui ne ressent rien, c'est une meurtrière, et elle ne mérite aucune clémence. Elle est là où elle doit être. Quand on est une criminelle on est traitée comme telle. Elle est d'ailleurs trop bien traitée à son goût. Une idée partagée par certaines femmes de la prison, qui trouvent inacceptable que ces détenues puissent encore voir leurs enfants. Une mère qui tue devrait perdre le droit d'être mère. Éva et sa nouvelle amie ont entendu parler d'une détenue qui a tué son jeune garçon et à qui le juge refuse les visites de son autre fils. Elle en meurt à petit feu, comme si la perte de l'enfant en vie était la plus atroce punition qui puisse être infligée à une mère meurtrière. Et toutes deux en conviennent. Le pire qui pourrait leur arriver serait de ne plus voir leurs enfants au parloir. Moments privilégiés qui scandent le temps de la détention. Petits riens faits de dessins qu'elles conservent, d'expressions qu'elles mémorisent, d'histoires d'école, de plaintes à cause des devoirs trop difficiles. Comme avant, quand elles étaient dehors. Éva, ses enfants ne lui font jamais de reproches, n'abordent jamais les faits. Les enfants se taisent et laissent aux adultes le soin d'imaginer ce qu'ils veulent entendre. En général ils évitent d'écouter quand on leur parle mais ils tendent l'oreille quand la conversation ne les regarde pas. Comme si ce qui ne leur était pas adressé contenait la réponse à leurs interrogations. Ils ont une présence surprenante, dérangeante, par exemple quand ils rangent docilement leurs affaires lorsque la gardienne annonce la fin de la visite. Chose impensable autrefois à la maison quand ils étaient priés d'interrompre leurs activités pour venir dîner ou pour sortir. Ici pas un cri, pas un mot. Et Éva la silencieuse se met à souffrir de son propre silence, de leurs silences. Ici elle l'entend. Chez elle, elle n'en avait pas conscience.

Dans sa cellule avec cette femme la conversation est possible, mais très vite Éva se sent mal à l'aise quand sa compagne en vient à parler de sa famille. De la petite. De sa mort qui n'est jamais dite mais qui est là entre chaque mot prononcé. Éva ne comprend pas son geste. Tuer un enfant est impensable, inadmissible. Quand elle évoque sa fille avec un amour démesuré, Éva ne sait pas quoi lui répondre. A-t-elle oublié que c'est elle qui l'a tuée ? Qu'elle s'est définitivement privée de la petite alors qu'elle l'aimait plus que tout ? Elle ne comprend pas non plus pourquoi on les compare toutes les deux, pourquoi on la traite elle aussi de criminelle, pourquoi elle est dite *mère sans cœur*, cruelle, ayant commis le crime le plus vil. Elle en souffre, comme à chaque fois qu'il s'agit de son image de mère. Elle est touchée par ces paroles meurtrières qui cherchent à l'avilir et à la rendre inhumaine. Éva est une bonne mère. Elle le sait. Elle l'a prouvé. Elle l'a toujours été pour ses enfants et même pour ceux des voisins. Personne n'a jamais rien eu à redire. Elle a conscience de ses responsabilités. Quand on a des enfants, c'est pour les élever et les assumer. On l'accuse d'être une mère monstrueuse. C'est une accusation injuste. Injustes sont les mots qu'elle a lus, entendus à son propos. Elle refuse maintenant d'écouter la radio et fuit la télévision. L'affaire n'est pas celle que l'on croit. Elle n'a pas tué, même si elle reconnaît qu'elle a fait ce qui a été dit, même si elle a avoué. Oui elle s'est levée une nuit, seule, a agi face à ce qui se présentait. On lui a dit beaucoup de choses à ce sujet. Elle-même a beaucoup parlé. Elle ne sait pas très bien comment les mots lui sont venus. Elle a lu sa déposition il y a quelques semaines et elle a signé au bas de la page. On ne l'y a pas obligée. On lui a demandé auparavant si elle reconnaissait bien ses propos. On lui a expliqué que cet écrit représentait ses aveux. Que cela serait retenu à charge contre elle. Elle en a compris l'importance et elle a signé. Elle est honnête, contrairement à ce que l'on croit. Elle n'est pas comme cette femme qui a tué sa fille de 5 ans. Qui l'a fait sciemment, sans arrêter son geste.

Mais ce qu'elle aime chez cette femme, c'est qu'elle est cultivée, lit beaucoup, a fait des études. Elle en parle avec plaisir, et Éva se laisse transporter par ce discours passionné. Éva ne peut pas en dire autant. Elle s'est mariée et les enfants sont arrivés. Elle est restée à la maison, pour eux, pour la famille, pour son mari, pour elle aussi. Elle aimait bien son intérieur, le laver, le ranger, faire en sorte que chaque chose soit à sa place et que cela ne change pas. Elle n'a jamais imaginé aller travailler. C'est même une idée qu'elle condamnait. Pour elle, travailler quand on a des enfants, c'était une forme d'irresponsabilité. Elle ne sait pas très bien d'où lui vient cette conviction. D'ailleurs aujourd'hui elle lui paraît étrange. Hier elle lui est revenue tandis que l'assistante sociale lui parlait des possibilités qui s'ouvrent à elle. Elle a entendu qu'être privée de liberté ne la prive pas de certains droits, et que l'accès aux études en fait partie. Elle a entendu. Cette femme lui a conseillé d'y penser tranquillement, d'y réfléchir. Car le temps est long en prison. Penser sur le futur n'est pas dans les habitudes d'Éva. Bien sûr le temps est long. Elle le ressent de plus en plus fortement chaque jour et se surprend à rêvasser, preuve que sa vie a changé. C'était inimaginable *avant*.

Elle évoque un peu cela avec la psychologue qu'elle voit chaque semaine. Cet *avant* ne représente pas la liberté disparue, mais plutôt ce qu'elle était : une femme libre qui l'ignorait. Quand on lui a proposé de rencontrer une psychologue, elle n'a pas vraiment compris pourquoi. Elle ne voyait pas l'intérêt. Il y en avait une à l'école des enfants, mais elle ne l'avait jamais sollicitée. On les avait informés lors d'une réunion qu'elle était disponible en cas de problème. Mais elle n'avait pas de problèmes. Alors elle ne l'a jamais vue.

Son avocat lui a vivement conseillé d'accepter ce rendez-vous. Les jurés y seraient sensibles. *Il vous faut éclaircir ce qui est arrivé.* Elle ne saisit pas très bien cette demande. Pour elle aussi cette nuit est sans réponse. Nuit à oublier, à laisser derrière elle, car elle n'a jamais voulu faire de mal à qui que ce soit. Alors en parler, elle ne le souhaite pas. Pourquoi remuer le couteau dans la plaie ? Des questions sur son geste ? Elle n'en a pas, elle en a trop. Au contraire elle cherche à les fuir, à les ignorer pour tenter de trouver quelques moments d'apaisement. Penser n'a jamais fait avancer les choses de la vie. Surtout pas de la sienne.

Finalement elle a accepté. Chaque semaine, elle va chez la psychologue, qui l'interroge sur sa vie, son enfance, ses parents. Perte de temps aux yeux d'Éva. Elle a eu une enfance sans histoire. Sa mère, comme elle, était tout le temps à la maison avec les enfants. Ils étaient cinq et ont été élevés près d'elle. Très vite les grands ont gardé les petits. Elle allait à l'école comme les autres et rentrait le soir. Elle aidait comme tout le monde. Elle ne se souvient pas vraiment des naissances de ses frères et sœurs, sa mère ne prévenait pas quand elle était enceinte. Les enfants le devinaient. Ils avaient appris à regarder le ventre de leur mère pour savoir. Ensuite la nouvelle se répandait parmi eux et devenait un fait acquis. La mère n'avait pas parlé et les choses étaient dites. Ainsi était la naissance. Événement normal de la vie d'une famille. Que dire de plus ? Il est des choses qui s'apprennent sans s'apprendre. D'autres qui s'enseignent à l'école. L'école, elle l'a arrêtée assez vite car elle avait du mal avec les études. Elle est allée jusqu'en quatrième puis a fait un certificat de bureautique. Elle peut se vanter d'avoir un vrai métier grâce à ce diplôme. Mérité, car l'école était un vrai calvaire. Elle n'arrivait pas à s'organiser pour faire ses devoirs à l'avance, oubliait sans cesse ses affaires, et, quand elle était interrogée, restait muette tant elle était émue. À la maison on ne lui demandait jamais son avis et elle n'avait pas l'occasion de s'exprimer. Aussi, parler en public, s'exposer devant des dizaines d'élèves était insurmontable. Ses parents riaient quand des membres de la famille venaient en visite et que, lui posant une question, ils ne recevaient aucune réponse en retour. « Laissez-la, elle est timide », disait sa mère à la cantonade. Elle était effacée. Quand la psychologue lui demande s'il en a toujours été ainsi, elle n'a pas de réponse. Il en va de même quand elle lui demande *si les relations étaient bonnes avec sa mère*. Elle n'en sait rien. Ne se souvient pas. Douloureuses ? Heureuses ? Comment les définir ? Les juger ? Sa mère l'a élevée. Elle l'en remercie.

Actuellement elle la voit peu car elle a du mal à se déplacer jusqu'à la prison. Elle ne conduit pas et ne trouve pas toujours quelqu'un pour l'accompagner. Et puis il y a les demandes de visites à faire. Si elle laisse passer le délai d'autorisation, cela repousse d'autant le parloir. Éva ne lui en veut pas, elle est âgée et ne peut pas penser à tout. Déjà, quand elle était plus jeune, elle avait tendance à oublier les rendez-vous. Tout ce qui exigeait un peu d'anticipation, c'était son père qui s'en occupait. Les enfants étaient souvent vaccinés en retard, les vêtements pas toujours repassés, les anniversaires parfois oubliés. Mais elle n'a pas souffert. La question sur l'affection que sa mère lui manifestait, et lui manifeste encore aujourd'hui, la met mal à l'aise. Le quotidien était fait de rien. Les jours se ressemblaient. Il y avait peu de moments de détente. Le rythme familial était soutenu, comme dans toute famille nombreuse. Le temps des vacances n'annonçait rien de différent. Tout le monde restait à la maison. Les enfants ne partaient jamais en colonie de vacances. Les parents n'organisaient pas d'activités particulières. Ce n'était pas une question de moyens, son père avait un travail convenable, même si un seul salaire pour sept personnes ne permet pas de grandes fantaisies. C'était une habitude de vie. Elle se souvient qu'elle essayait de s'occuper. Imitait sa mère, repassait le linge, le pliait, rangeait les jouets, balayait la cuisine. Ces activités devenaient ses jeux et ainsi le temps s'écoulait plus vite. Elle était appréciée par sa mère, qui la disait serviable. Ne savait pas qu'elle s'ennuyait. Elle avait des jouets, pas énormément, et elle les partageait avec ses frères et sœurs. Comme les chambres. Deux chambres pour cinq enfants. Il fallait se serrer et accepter les bruits des autres. Ils auraient pu avoir une maison plus grande si leurs parents avaient pris la peine d'en chercher une. Mais ils n'y pensaient pas. Les enfants naissaient, ils se serraient, l'intimité devenait rare. Si l'un d'entre eux pleurait pour une raison ou pour une autre, il le faisait dans la chambre commune et se calmait seul. Ils se ressemblaient de plus en plus dans leurs attitudes. Ils parlaient peu, souriaient peu, pleuraient rarement, semblaient assez distants. Ils s'aimaient, c'était une évidence, mais d'un amour qui ne se manifeste pas. Ils étaient un clan, clan d'enfants face à un couple de parents travailleurs. Présents. Même entre eux leurs parents n'étaient pas très démonstratifs. Le repas terminé, le père repartait travailler dans son entreprise. Il avait fait de bonnes études, ce dont ses propres parents étaient fiers, eux qui n'avaient pas eu cette chance. Éva ne les a pas connus. Ils sont morts quand elle était toute petite. Du moins c'est ce qu'elle croit, car on ne le lui a jamais dit clairement. Elle a surpris un jour une conversation entre sa mère et une des sœurs de son père qui parlaient de la mort tragique de sa grand-mère. Mort subite, semble-t-il. Elle se demande, maintenant qu'elle y songe, si elle ne s'est pas suicidée. Pourquoi cette pensée soudaine ? Non elle n'est pas sûre, mais elle se souvient que l'année de sa naissance a été une année triste. La mère de son père est morte pendant que sa mère était enceinte d'elle, puis, alors qu'elle avait quelques mois, c'est sa grand-mère maternelle qui a disparu, emportée par un cancer fulgurant. Les deux grands-pères sont restés veufs, l'un pendant trois ans, l'autre cinq ans. Aujourd'hui elle n'a plus de grands-parents, mais comme elle ne les a pas connus elle ne peut pas dire qu'elle ait de la peine. Elle n'a jamais entendu sa mère parler de la maladie de sa mère, ni son père de la disparition de la sienne. On ne parle pas beaucoup des décès dans sa famille, des naissances non plus d'ailleurs. Les enfants naissent et les plus âgés disparaissent, c'est dans l'ordre des choses. C'est la vie.

La naissance de ses enfants, elle s'en souvient bien, mais c'est vrai qu'elle non plus n'aime pas trop s'attarder sur ce sujet. Chaque naissance a été bien accueillie, mais elle et son mari n'ont pas organisé de fête particulière.

Un jour la psychologue lui a demandé combien d'enfants ils avaient programmé. La question lui a paru surprenante. Elle n'a jamais programmé ses enfants, ni avant leur mariage, ni même après. Les enfants sont arrivés. C'est dans l'ordre des choses. On ne parle pas de ce qui va de soi. Ils se sont mariés jeunes et se sont tout de suite installés dans un appartement. C'est plus tard que son mari a décidé de faire construire et qu'ils ont acquis le terrain sur lequel ils habitent aujourd'hui. Ils ont choisi une maison parmi plusieurs modèles exposés, et heureusement elle comportait quatre chambres. C'est là qu'ils vivent depuis quinze ans et c'est là que les gendarmes sont venus la chercher. Elle se demande encore qui a bien pu leur dire qu'elle était enceinte. Pourquoi à eux ? Pourquoi cette personne n'est-elle pas venue la voir ? Quand sa codétenue, à son arrivée, lui a demandé ce qu'on lui reprochait, elle a répondu qu'elle ne savait pas. La femme s'est fâchée. « Eh bien moi c'est parce que j'ai noyé ma fille. Si vous êtes dans ma cellule, quelque chose me dit qu'on a dû faire des choses semblables ! Les meurtrières avec les meurtrières ! » Elle a eu un choc en entendant pour la première fois ce mot à son sujet. *Meurtrière ?* Comment peut-on dire une chose pareille ! Elle n'a tué personne. Elle est en prison. Elle se souvient bien du sac qu'elle a rempli et placé dans *cet endroit*. Elle peut le dire. Elle le sait. *Alors vous voyez bien que vous avez tué votre enfant*. Non, oui. Elle l'a fait sans le faire. Elle est épuisée. Elle comprend ce qu'on lui dit. A-t-elle tué un bébé ? On le lui dit. Elle se le dit. Elle l'a fait. Est-ce que c'était un vrai bébé ? Elle ne l'a pas senti comme ses trois autres enfants, même si, eux, elle doit reconnaître qu'elle les a ressentis très tard. Mais mieux vaut tard que jamais. Celui-là, elle a encore du mal à l'imaginer en bébé, en vrai bébé, *son* vrai bébé. Elle est sûre de son existence, mais a-t-il vraiment été un bébé ? Un bébé comme les autres ?

# La veille

Que de semaines et de mois passés depuis son arrestation. Des jours qui se ressemblent, excepté ceux où les enfants viennent la voir. Ils grandissent bien, sans elle. Au parloir, dans le court temps de la rencontre, ils se montrent vifs, débrouillards, et lui posent maintenant des questions sans détour. « Pourquoi tu as tué le petit frère ? » lui demande un jour sa fille en plantant son regard dans le sien. Car l'enfant veut *voir* sa mère sur ce sujet plus qu'il ne veut l'*entendre*. Les mots ne l'intéressent pas beaucoup. Il veut sentir ce qu'elle a à dire. Et ce jour-là Éva reste sans voix, baisse les yeux et se met à pleurer. Sa fille s'immobilise, s'approche d'elle, intimidée par cette *mère nouvelle* qui pleure. Elle penche sa tête, la regardant par en dessous, et demande, du haut de ses 5 ans : « Tu pleures ? » Petite voix d'une enfant étonnée qui ne quitte pas sa mère des yeux, buvant ses larmes, jamais vues auparavant. Elle passe un doigt sous son œil mouillé, comme pour s'assurer que celles-ci sont réelles. Elle joue à en faire une traînée humide sur sa peau sèche, puis lui caresse le visage craintivement, redoutant d'être grondée pour l'avoir touchée. Mais sa mère nouvelle ne gronde plus pour ça. Elle accepte le frôlement de la main de l'enfant sans pouvoir la regarder. La petite comprend, accepte aussi, car les enfants comprennent leur mère quand elle ne parle pas. Elle sait bien qu'on peut pleurer sans le dire. Avant que sa mère soit nouvelle, quand elles vivaient ensemble, si elle pleurait, elle partait dans sa chambre. Jamais sa mère n'est venue la voir. Alors elle sait ce qu'est le silence des larmes. Ici elle rompt avec les habitudes et, contrairement à ce qu'elle faisait avec sa mère d'avant, elle la serre très fort, pose sa tête sur sa poitrine, niche son nez dans ses seins, par un réflexe qui ne s'oublie pas. Peau-à-peau retrouvé, leur nouvelle vie est faite de ces temps de rencontres écourtées, où les corps bavardent.

Et pleurer est si nouveau pour Éva qu'elle perçoit bien l'étonnement chez sa petite fille. Elle aussi sait qu'elle est devenue une maman autre. Une maman qui a envie de toucher, de sentir, de regarder, de prendre le temps de laisser ses sens s'éveiller au corps de ses enfants. Ce corps est devenu un objet d'attention et, quand sa petite fille arrive, elle est sensible à son odeur toute particulière. Elle aime son doux parfum de corps. Elle ne saurait pas encore le définir, mais elle le reconnaît et le distingue de celui de ses fils. Tous, elle les approche autrement. Elle est touchée, émue même, d'accéder à ce monde jusque-là inconnu. Elle en était privée sans que rien lui soit interdit. L'interdit était signifié mais pas dit. Elle perçoit maintenant la nuance entre ces deux termes, elle comprend leur subtilité, ce qui les différencie. Elle a conscience que là est le sens de la vie. Tant de choses lui ont été signifiées.

Fait nouveau, elle s'est mise à lire. Des ouvrages variés. Des essais psychologiques, des classiques, des romans contemporains.

Seule la poésie lui répugne. Elle n'y trouve aucun intérêt, ne comprend rien au sens du texte. Depuis qu'elle lit, elle se surprend à analyser quelques événements passés de sa vie. Elle se compare aux héroïnes des romans, mais surtout elle se découvre capable d'avoir un avis sur ce qu'elles font, vivent, disent, approuvant, désapprouvant, contestant, comme si elle était actrice de la situation. Elle s'autorise tout cela avec bonheur. Mobilité nouvelle qui rend son regard sur la vie plus léger. Sensation agréable parfois assombrie quand elle repense à l'événement de *la nuit*. Elle devient alors grave et souffre de ce mur d'incompréhension qu'elle porte au plus profond d'elle-même. Elle sait qu'il lui faudra un jour lever le voile pour fabriquer le récit de l'enfant impossible, pour tenter d'être sereine. Non, pas sereine. Différente à jamais.

Et vivre l'émotion telle qu'elle se présente, en acceptant les rires et les larmes, fait partie du chemin à parcourir. Se sentir émue, c'est déjà quitter ce corps d'autrefois qu'elle ne laissait pas s'exprimer. Maintenant il lui arrive parfois d'être secouée par une émotion. Traversée, bouleversée même. Comme sa petite fille, les jurés vont attendre ses larmes, celles d'une mère. Mère qui a tué. Larmes de la repentance, de la honte, du regret, de la conscience de son acte affreux, terrible. Les jurés ont besoin de trouver de l'humanité dans celui qui est accusé d'un acte inhumain. Et heureusement Éva a appris à pleurer.

*Apprendre à pleurer* est une expression inexacte, et en même temps elle parle bien de ce temps de la vie où un Sujet rencontre ce qu'il est et pleure de la rencontre avec soi-même. Drôle d'expérience, qu'Éva n'a pas pu éviter durant ces derniers mois. Elle l'a faite sans aucun désir au départ, allant voir la psychologue à reculons, supportant les questions de son avocate, écoutant les informations fournies par l'assistante sociale. Elle a beaucoup écouté, beaucoup entendu parler d'elle. Ne s'est pas reconnue, à part une ou deux fois quand on l'a décrite dans son quotidien de mère au foyer. Elle était passive dans un premier temps. Elle pouvait tout entendre sans jamais se révolter. Face à tous, et en particulier à son avocate, elle restait assise sur sa chaise, droite, le corps raide, le visage dénué d'expression. Elle écoutait pendant des heures ce qu'on lui disait et répondait docilement. Les mots glissaient, jamais ils ne s'imprégnaient. Elle comprenait les questions de cette femme, mais les réponses lui étaient inaccessibles. Elle avait le sentiment qu'elle ne les possédait pas. Pas encore peut-être. Il y avait de l'insupportable dans cette passivité maladive pour celle qui était censée venir la défendre. Éva ne bougeait pas, même lorsque son avocate cherchait à la provoquer. Cette dernière était de plus en plus inquiète. S'il en était ainsi au procès, elle passerait pour un monstre.

Mais heureusement la révolte est venue. Beaucoup plus tard, prenant des chemins inattendus. Il y a d'abord eu le refus d'aider les détenues qui avaient vite appris à profiter de cette femme facile, ne contestant jamais. Une réaction très mal vécue par certaines, qui ont commencé à la martyriser, l'attaquant sur son point faible : les enfants. Elles faisaient tout pour la conduire à des fautes risquant de lui faire perdre ses parloirs. Éva a failli tomber dans le piège. Mais, juste avant qu'il ne soit trop tard, elle a pris conscience de ce qui se jouait. Elle s'en est ouverte à l'assistante sociale. Celle-ci a remis les choses au point avec les détenues concernées et tout s'est calmé rapidement.

Pour la première fois, Éva a été confrontée à l'effet de sa parole. Pour la première fois, elle s'est confiée. Pour la première fois, elle a été entendue. Sentiment nouveau. Enfant elle pouvait se plaindre d'un frère, d'une sœur, de l'école, jamais les mots ne touchaient suffisamment ses parents pour qu'ils agissent en sa faveur. La découverte que ses mots portaient a été profonde, bouleversante. Et les mots sont advenus. Elle a commencé à parler, lentement, confusément, murmurant les souvenirs, tentant de les rassembler, doutant qu'ils aient existé. Les images étaient floues, parfois même inexistantes. Il faut un corps éveillé, qui a enregistré les images de la vie, pour pouvoir se souvenir.

Il faut accepter qu'une odeur, un contact, un goût, un bruit soient une part de soi pour pouvoir parler de soi. Les mots ne viennent pas de nulle part. Ils naissent dans le corps, celui qui à l'aube de la vie reçoit le monde. Le travail a été long, douloureux, étrange, heureux.

Puis elle a commencé à évoquer ce qui n'a pas existé pour elle, les attentions, la reconnaissance de ce qu'elle était, expliquant sa transparence dans le paysage familial. Elle a pointé dans leurs moindres détails les manques, qui ont pris toute leur dimension traumatique, jamais perceptible, toujours sournoise. L'absence de caresses, l'absence de mots sur elle enfant, la décrivant, la valorisant, lui donnant un corps de mots maternels qui allaient la sculpter comme enfant vivante, et non comme momie. Rien n'est venu et, elle le sait aujourd'hui, les dégâts sont considérables.

Enfin un jour a émergé ce récit de la vie d'une petite fille, celle qu'elle a été, jamais battue, jamais maltraitée, souvent oubliée. Niée. Enfant qui a grandi toute seule dans une famille nombreuse et qui a appris à se taire avant même de parler. Taire ses émotions, ignorer ses ressentis, oublier ses sensations. Les réfréner, les contrôler jusqu'à les annuler. Corps du déni qui est né là dans ces relations si précoces, dans le chapitre de l'enfance, celui de l'amnésie. Corps des sens qui ne s'éveille pas, qui ne sent pas, qui ne grandit pas. Corps qui ne pense pas, qui se fige, rapidement en difficulté quand il faut imaginer, projeter, mémoriser.

Dire qu'elle n'a pu le faire qu'ici, dans ce lieu, une prison, dont le rôle est de punir. Dire que c'est dans la rencontre avec tous ces professionnels qu'elle a perçu son insensibilité. Dans leurs regards, leur étonnement, leur lassitude, leur désespoir de jamais parvenir à créer un lien avec elle, leurs mots interrogateurs, leurs colères contre son immobilisme. Elle a un jour ressenti ce qu'ils ressentaient. Elle en a éprouvé de la reconnaissance, de la gratitude, et plus encore. Mais quoi exactement ? Le mot ne lui vient pas, la pensée ne se formule pas. Elle sent surtout l'envie d'aller vers eux à son tour. De les rejoindre dans leur élan vital. Vital est bien le mot. Ils l'ont rendue vivante. Elle ne sera plus jamais la même. Expérience terrible que de devoir au drame une forme de résurrection de soi. Un jour peut-être elle en parlera, elle dira que cet acte impardonnable l'a sauvée. La mort de l'autre et la vie de soi sont intriquées. Insupportable constat.

Alors, maintenant qu'elle est lucide, qu'importe le procès. Il va arriver trop tard car elle est seule dorénavant, seule avec cette conscience qui a pris acte de son acte. Le verdict est déjà tombé, le sien, et celui-là est sans pardon. Elle ne se le pardonnera jamais. Elle se condamne à perpétuité.

## Le procès

C'est avec ces mots de non-pardon qu'elle fait son entrée dans le box des accusés. Tête baissée, elle restera trois jours durant sans pouvoir ne serait-ce qu'une seule fois poser les yeux sur le public. Son regard s'agrippera à plusieurs reprises au visage de son avocate, cette femme qui a été là, sans jamais douter, sans jamais la condamner. Bien entendu c'est son rôle, mais Éva sait qu'elle l'a joué au-delà de sa fonction. Elle a été mère, confidente, amie, sœur, avec justesse.

Le procès est une épreuve pour Éva, émotionnellement fatigable. Le nombre de témoignages, leur longueur, leur contenu, parfois déplacé ou grotesque, l'épuisent. Comme celui de la boulangère, qui raconte sa venue tous les jours à la même heure : non, elle ne se confiait pas, ne souriait pas ; non, elle-même n'avait pas vu qu'elle était enceinte, et ce n'est pas elle qui a prévenu les gendarmes. Ce n'est pas son genre de se mêler de la vie des autres. Elle sait rester à sa place. Une place qu'Éva ne comprend pas aujourd'hui dans son procès. Sa vie vue par les autres est un étrange récit. Curieuse sensation d'entendre parler de soi.

Éva a la tête qui tourne, les mains moites, le ventre noué. Son corps se manifeste bien souvent maintenant. Elle, si forte autrefois, est à présent douloureuse. Crampes d'estomac, maux de tête, sensation de vertige, bouffées de chaleur.

Les proches aussi ont déposé, sans compter sa famille, sa mère, qui est arrivée droite comme un I. La pauvre femme a eu bien du mal à parler de sa fille.

Ce qu'elle aimait enfant ?

« Tout, vous savez c'était une enfant sans histoire, facile.

– Et bébé, rien à signaler ?

– Rien.

– La grossesse a été facile ?

– Comme les autres, je pense » – omettant de signaler qu'elle avait été annoncée très tardivement.

Les jeux qu'elle aimait ? Ne s'en souvient pas.

Les amies qu'elle avait ? Ne sait plus.

Les études ? Il lui semble qu'elle a continué un peu après la sixième.

« Quand a-t-elle quitté la maison ? » Elle ne sait plus l'année. Ah si, pour se marier.

La voix mécanique de sa mère résonne entre les murs froids de la salle d'audience. On se surprend à y chercher des accents de maternité. On ne peut éviter de se poser la question du rôle de cette femme auprès d'Éva enfant. On fait des liens entre sa déposition et Éva debout, perdue, seule face à tous. On devine alors l'enfant Éva. À travers les mots de la mère, on perçoit une silhouette enfantine qui commence à nous envahir. Celle qu'on aimerait prendre dans nos bras pour la bercer, la rassurer quand elle a peur. On sait qu'elle a eu peur. On veut rattraper le temps perdu. Le temps qu'elle n'a pas eu. On devine l'enfant Éva sans enfance. On est mal.

Éva est aux cent coups. Elle ne veut pas qu'on ennuie sa mère. Elle a passé sa vie d'enfant à éviter de l'ennuyer pour la garder, en profiter un peu. Elle veut qu'on interrompe cette audition. Elle préférait quand sa mère ne parlait pas.

Elle veut qu'on la laisse repartir.

Son père n'a pas essayé de prouver quoi que ce soit. Ni les valeurs familiales, ni leur respectabilité. Ce qui est arrivé à sa fille ne le concerne pas. Il l'a élevée dans l'honneur et elle a mal tourné. Pourquoi ? Il l'ignore. Il estime qu'il a fait ce qu'il avait à faire et il ne permet à personne d'en douter. Il ne boit pas, n'a jamais cessé de travailler, a toujours montré l'exemple. Il n'a tué personne et il a appris à ses enfants à être honnête. Il arrive qu'un enfant ne suive pas les consignes familiales. C'est ce qui est arrivé à Éva. Il n'aurait jamais cru cela d'elle, car elle était travailleuse et tranquille. Sans doute la plus facile de ses enfants. Elle a mal tourné.

Éva est restée de marbre en écoutant ses parents. Visage impassible, vide d'expression. Elle pense pourtant à une photo d'elle avec les enfants, où elle sourit. Elle l'a accrochée dans sa cellule. Elle l'aime bien. Non pas parce qu'elle sourit mais parce qu'elle se souvient précisément de ce moment. Les enfants criaient : « Il faut dire ouistiti maman ! », fiers que leur mère soit souriante.

Le premier jour du procès a été centré sur son acte. On lui a demandé régulièrement si elle avait quelque chose à ajouter. Son avocate a tenté de lui donner la parole, souvent. Mais Éva, devenue sensible, perçoit que le débat n'est pas en sa faveur. Dès qu'elle est dépeinte dans son quotidien maternel, revient l'enfant mort, qu'elle a tué, étranglé, selon certains. Les experts parlent du bébé qui a respiré, ils le prouvent avec des arguments médicaux indiscutables. Aussi est-il rappelé le plus souvent possible que cet enfant, un garçon, est mort alors qu'il devrait être vivant. Éva a une identité de meurtrière, dangereuse, à punir, impossible à oublier. Alors pourquoi ces descriptions répétées ?

Oui l'enfant était vivant.

Oui l'enfant était un garçon.

Est-ce nécessaire de le redire cinq, six fois ?

« C'était bien un garçon ? » Elle hoche la tête car c'est son rôle. Mais le sexe de l'enfant, elle ne l'a pas vu, tout simplement pas regardé, ni même son corps, qu'elle n'a pas imaginé comme un corps. Alors, qu'il était vivant, bien vivant, si on le lui dit, elle le dit. Elle sait qu'elle a accouché d'un enfant, un garçon qui aujourd'hui est mort par sa faute. Faut-il aller encore plus loin dans le macabre ? Cet acte est en soi suffisant pour la faire condamner. Personne ne l'a assistée quand, seule, elle a mené une grossesse cachée, et aujourd'hui nombreux sont ceux qui exigent sa condamnation. Elle ne leur en veut pas. Se reconnaît en eux, dans cette part qui nous pousse à toujours nous pencher sur les faits divers.

Elle aussi aimait ça. Aujourd'hui *elle* est un fait divers. Elle n'est plus seulement Éva. Il lui faut l'accepter. Et des faits divers, la prison en est pleine. Éva s'en est nourrie. En écoutant les histoires des femmes incarcérées, elle s'est mise à beaucoup penser sur les actes humains. Avant, elle qui n'avait pas d'avis sur les événements du quotidien s'offusquait, jugeait facilement ces récits médiatisés. Ce n'est pas qu'elle soit devenue plus tolérante. Il n'est pas question d'affirmer que ce changement de regard constitue une qualité particulière. Simplement Éva, en approchant les autres, approche une part d'elle-même. Elle veut se retrouver. Trouver son identité. Elle doit se souvenir de ce qu'elle n'a pas oublié. Elle ne sait pas comment le dire. C'est impossible et pourtant elle aimerait tant le partager. Mais le défi est insurmontable. Alors elle baisse les yeux en signe de soumission. Elle n'essaye même pas et aujourd'hui elle attend dans ce box, celui-là même qui, comme sa minuscule cellule, délimite les nouveaux mouvements de sa vie.

Sa vie est ainsi maintenant. Elle ne cesse de s'évader dans ses pensées. Avant elle était mobile, elle allait et venait à sa guise, mais dans sa tête elle était figée. Aujourd'hui ses gestes entravés la rendent libre. Mais elle n'en parle pas. Il n'y a pas de mots pour parler de la liberté que lui procure l'emprisonnement. Du moins, elle ne les possède pas. Et elle ne sait pas si cela lui est particulier.

Elle n'en parle même pas avec son mari, qui ne supporterait pas cette idée. Il est là lui aussi dans la salle. Tendu, amaigri, inquiet, il ne cache pas sa peur, perceptible par tous. Personne ne le comprend. Il n'a rien vu, dit-il. Un mari qui ne sait pas sa femme enceinte est soit un abruti, soit un mari qui a déserté le lit conjugal, en aucun cas cet homme présent qui pleure l'absence de son épouse. Le public est divisé. Il y a ceux qui pensent qu'il a des comptes à rendre à la justice. Et ceux qui le voient comme une victime de sa femme dissimulatrice. Mais, comme rien n'est retenu contre lui, très vite on se désintéresse de son sort. Sa souffrance est d'ailleurs là, dans cette solitude et dans l'incompréhension qui pèse sur lui.

Éva sait qu'elle va être condamnée. Elle se condamne elle-même. Elle a beaucoup changé depuis son arrestation. En réalité elle ne sait pas quoi penser de ces deux existences, aux antipodes l'une de l'autre. La prison la prive des enfants. La vie au-dehors la prive d'elle-même. Ici elle existe. Dehors elle est sans existence.

Cette pensée divagante lui fait lever les yeux quelques secondes. Elle sait que le jury est composé d'hommes et de femmes, mais une fois de plus cette information claire n'a jusqu'alors pas pris toute sa consistance. La vision soudaine d'une femme donne corps à cette réalité. Elle baisse les yeux aussitôt. Elle se sent touchée. Par la présence des femmes surtout. Elles ont été convoquées et n'ont pas pu se désister. Son avocate lui a expliqué que c'était légalement impossible. Elle pense à elles qui sont là à écouter quelque chose qu'elles ne veulent pas entendre. Le meurtre d'un enfant, comme dit l'avocat général.

Oui elle se sent en communication avec elles, chacune d'elles. Elle les sent traversées en leur corps par une onde d'effroi à chaque fois qu'il est question du bébé. Le bébé dans les toilettes, le bébé étranglé, le bébé dans le sac en plastique, le bébé dans le congélateur. Le bébé partout. Mort, étouffé, condamné à ne pas vivre. Être innocent qui « devrait être avec ses frères et sœur ». Paroles qui viennent la heurter de plein fouet. La briser. Ces mots lui feront faire des cauchemars pendant des mois.

Et, pour la première et unique fois en ces trois jours, elle réagit. Elle lève les yeux, transperce de sa haine l'homme qui a prononcé ces mots. Il a poursuivi sur le statut de rescapés des enfants vivants, puisqu'une mère qui tue un enfant peut en tuer deux ou trois, et ce sans limite. Comment ose-t-il parler de ses enfants ?

Comment peut-il penser que ses trois enfants et celui-ci ont des liens familiaux ? Qui croit-il être pour s'exprimer de la sorte ? Il n'a rien compris à ce qu'elle est, à ce qu'elle a traversé. Il n'a rien appris de l'être humain et manque d'humilité pour approcher ne serait-ce que quelques secondes la vie des autres. Ses certitudes, ses croyances, ses idéaux le rendent aveugle. Elle le haïra jusqu'à la fin de ses jours. Haineuse est Éva. Elle veut bien être accusée du meurtre. Elle accepte d'être reconnue coupable et d'avance elle se soumet à la décision. Mais elle refuse que l'on nomme ses enfants dans cette enceinte. Personne n'est autorisé à le faire.

Surgit alors le sentiment que ce procès n'est pas seulement le sien. Pour quoi cet homme a-t-il si peur ? Pour sa vie de bébé ? Mais elle est derrière lui, et il est vivant. Éva représente-t-elle à ce point toutes les mères, et chacun croit-il aujourd'hui qu'il pourrait être l'enfant mort ? Si tel était le cas, ce serait terrible. Est-ce que chacun imagine, comme cet homme, qu'elle aurait pu tuer ses autres enfants ?

Elle se rend compte soudain qu'elle vient de penser *mes autres enfants*. Ainsi donc cet enfant était le sien. Cet homme a-t-il raison d'affirmer qu'il est le frère de ses deux fils et de sa fille ? Elle n'en est pas là. Les choses ont été autres et la grossesse qu'elle n'a pas ressentie jusqu'à l'accouchement continue de lui faire faire des cauchemars. Il n'est pas rare qu'elle se réveille dans sa cellule en sursaut, avec l'image de son corps se vidant, tel un contenant qui ne contient plus rien. Elle se voit perdre ses organes, intestins, estomac, vésicule, et elle n'arrive pas à arrêter le flux de cette vie qui s'enfuit. Elle a mal, met ses mains sur son sexe d'où tout s'échappe, l'agrippe, tente de le refermer, n'y parvient pas, renonce et se réveille alors, haletante. Ça, personne ici dans cette assemblée ne pourra l'en délivrer. Pourtant elle pense qu'une part de sa délivrance est dans le verdict. Les minutes qui la séparent de ce moment sont interminables et, quand il est l'heure, elle entend à peine la voix qui lui demande de se lever pour entendre les conclusions des délibérations des jurés.

Condamnée à 10 ans de réclusion, Éva a écouté, debout, sans laisser paraître la moindre émotion, la sentence qui va lui permettre de payer sa dette à la société, qu'elle a trahie. Il lui reste à porter le poids de son acte et à accepter sa propre défaillance. Son mari a entendu le verdict aussi et a hurlé « Non ! », comme un animal blessé, refusant la réalité de cette condamnation, criant son besoin de sa femme, le sien et celui de ses enfants vivants, qui l'attendent. Mais la logique judiciaire n'est pas celle-ci. L'enfant qui aurait pu être est devenu l'enfant à défendre, même si cela se fait au détriment des enfants bien vivants qui ont vécu avec leur mère et l'espèrent comme des enfants en manque d'elle. Aujourd'hui ce sont eux les enfants annulés, oubliés dans leur besoin de mère.

La salle se vide, dans un silence pesant. Personne ne sait vraiment que penser de cette affaire, de cette décision d'incarcération, des débats qui ont eu lieu. Chacun se sent mal à l'aise, privé de la compréhension réelle de cet acte maternel. L'enfant mort reste dans tous les esprits, image virtuelle qui se superpose au visage d'une femme livide en chair et en os, détestée aux premières heures et qu'on se surprend à respecter lentement au fil des jours. Digne, soumise, dénuée de toute agressivité, elle a écouté, accepté, avoué sans réticence, confirmant les faits avec une honnêteté déconcertante. Et l'on se prend à douter de la légitimité de cette peine.

Éva la meurtrière, Éva la mère, reste énigmatique pour le plus grand nombre.

*Achevé d'imprimer en janvier 2008*
*par* ***Bussière***
*à Saint-Amand-Montrond (Cher)*

35-57-3688-5/01

ISBN 978-2-213-63443-2

Dépôt légal : janvier 2008.
N° d'édition : 96655. – N° d'impression : 074109/1.

*Imprimé en France*